Bon LOMBARD DE BUFFIÈRES

DISCOURS

PRONONCÉ AUX FUNÉRAILLES

DE

M. CHARLES ALEXANDRE

Le 11 Janvier 1890

MACON

PROTAT FRÈRES, IMPRIMEURS

1890

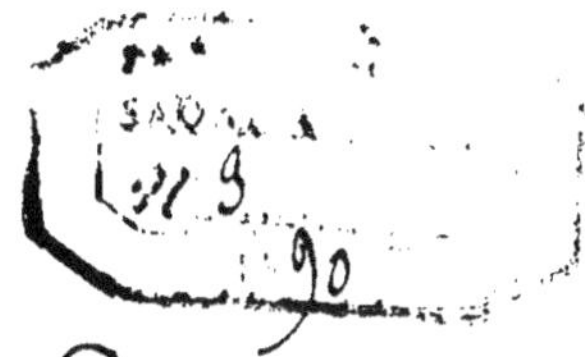

DISCOURS

PRONONCÉ AUX FUNÉRAILLES

DE

M. CHARLES ALEXANDRE

Le 11 Janvier 1890

MACON

PROTAT FRÈRES, IMPRIMEURS

1890

AVANT que cette tombe ne se referme pour toujours sur l'homme de cœur que nous venons d'accompagner à sa dernière demeure, permettez-moi de dire un suprême adieu à celui que l'Académie de Mâcon s'était habituée à considérer comme la personnification de l'affabilité, de la bonté, de la constance dans l'amitié.

Hélas ! comme il le rappelait lui-même il y a si peu de temps :

> Aimons-nous, nos rangs s'éclaircissent,
> Chaque heure emporte un sentiment.
> Que nos âmes veuves s'unissent
> Et se serrent plus tendrement.

Hier, c'était le pasteur vénéré, le savant distingué auquel notre excellent collègue, oublieux de ses propres souffrances, venait rendre un dernier hommage ; aujourd'hui, c'est le poète, l'ami fidèle que nous avons nous-mêmes à regretter.

Nous ne verrons plus cette grande et douce figure, encadrée de longs cheveux blancs, à la démarche simple et lente, parcourant les rues de notre vieille cité, le livre à la main ; sans cesse absorbé dans les rêves du passé, ses bons yeux ne s'éveillaient que lorsqu'il rencontrait une main amie et pour lui faire le plus aimable accueil.

Né à Morlaix en 1821, d'une famille profondément chrétienne, Charles Alexandre, après d'excellentes études pendant lesquelles il se lia avec quelques-uns de ses compatriotes les plus distingués, ne tarda pas à être admis d'emblée comme rédacteur au ministère des finances.

Il s'y serait sûrement fait une brillante carrière, si la mort de son frère, jeune officier de marine, ne l'eût rappelé, en 1844, auprès de ses parents désespérés.

Mis en relations à Paris, par des amis communs, avec notre grand poète mâconnais, il lui voua sur le champ une admiration qui devint un véritable culte et qui a rempli sa vie.

Candidat à la Constituante sur les instances de Lamartine, son jeune enthousiasme pour les idées nouvelles ne trouva pas d'échos sur cette terre de Bretagne si fidèle à ses vieilles traditions. Mais il fut de ceux qui vinrent de toutes les côtes bretonnes défendre l'ordre à Paris pendant les journées de juin.

Ses rapports avec Lamartine prirent dès lors un caractère plus intime et il devint bien vite son secrétaire particulier.

Lié d'amitié avec les hommes de haute valeur qu'il connut à ce brillant foyer, il se fixa définitivement en Mâconnais en s'alliant à l'une des meilleures familles de notre ville.

Ce qu'il fut pour Mme de Lamartine et pour le célèbre poète dans les dernières années de leur vie, je n'ai pas besoin de le rappeler; qui ne le sait! Son livre sur chacun d'eux le dit bien éloquemment.

Il fut l'ami des mauvais jours, l'ami vrai, l'ami d'outre-tombe.

N'est-il pas plus doux de s'associer aux douleurs des grands hommes qu'à leur gloire? Celle-ci appartient à tous, leur deuil n'appartient qu'à qui les aime.

Le souvenir de notre immortel poète rayonnant sur lui comme une auréole, il fut naturellement désigné, après la guerre de 1870, aux suffrages de ses concitoyens qui l'envoyèrent siéger à Bordeaux, à Versailles, à Paris.

Les amitiés qu'il sut trouver alors parmi ses collègues lui donnèrent une influence qu'il mit généreusement au service de tous ceux qui sollicitaient son appui, et nombreux sont les pauvres employés que sa bonté a protégés contre d'odieuses dénonciations, alors qu'il avait déjà quitté lui-même le pouvoir.

A l'inverse de bien d'autres, il sortit de la vie publique plus pauvre qu'il n'y était entré et chercha dans la culture des lettres et de la poésie l'oubli de ses peines et des vides douloureux qui s'étaient multipliés autour de lui.

Ainsi que la mère de son grand ami, il eût pu dire à son tour :

« Pauvre maison, si pleine de vie, de bruit, de mouvement il y a quelques années ! Cela fait songer à ces grands nids, l'automne, sur les ormes de Saint-Point. Au lieu des œufs et des petits, il n'y a plus que de la neige. Le vent les emporte paille à paille... Qu'est-ce que de nous ! »

Ses seules jouissances, dans ces dernières

années, furent nos réunions académiques qu'il a souvent présidées et dans lesquelles sa parole vibrante rappelait presque toujours quelque trait inédit de la vie de ceux que sa pensée ne quittait jamais.

Son cœur se fondait au souvenir de leurs épreuves, et il a fini par y trouver les accents d'une délicatesse exquise, d'une sensibilité presque féminine qui nous ont tous profondément émus à la lecture de ce que nous pouvons bien appeler justement son chant du cygne, son beau livre : *Madame de Lamartine.*

« Il faut, disait-il, que la menthe et le thym soient foulés pour donner toute leur senteur. Ainsi de l'âme des poètes... Il faut que Dieu et les hommes aux mains plus rudes la foulent et la brisent en tous sens afin que s'en exhale tout leur parfum. »

Souvenons-nous que rien ne meurt pour ceux qui savent croire.

Il le disait lui-même : « On n'aime jamais autant dans la vie que dans la mort; il se noue, dans les veillées suprêmes, des liens impérissables entre les mains serrées, les regards éplorés, les sourires attendris du dernier adieu. »

Que cette consolante pensée soit un adoucissement à la douleur de sa fille bien aimée à laquelle je suis heureux d'adresser ici l'expression de ma respectueuse sympathie.

Maintenant, messieurs, élevons nos cœurs à Dieu; disons avec son maître vénéré, disons avec lui :

« Seigneur, me voici ! j'ai souffert, j'ai aimé, j'ai péché; j'étais un homme, c'est-à-dire peu de chose; j'ai désiré le bien, pardonnez-moi !... »